I0422786

Émile Montégut

La Question de l'Esclavage et la vie des esclaves aux États-Unis

Histoire

 Le code de la propriété intellectuelle du 1er juillet 1992 interdit en effet expressément la photocopie à usage collectif sans autorisation des ayants droit. Or, cette pratique s'est généralisée dans les établissements d'enseignement supérieur, provoquant une baisse brutale des achats de livres et de revues, au point que la possibilité même pour les auteurs de créer des œuvres nouvelles et de les faire éditer correctement est aujourd'hui menacée. En application de la loi du 11 mars 1957, il est interdit de reproduire intégralement ou partiellement le présent ouvrage, sur quelque support que ce soir, sans autorisation de l'Éditeur ou du Centre Français d'Exploitation du Droit de Copie , 20, rue Grands Augustins, 75006 Paris.

ISBN : 978-1545478301

10 9 8 7 6 5 4 3 2 1

Émile Montégut

La Question de l'Esclavage et la vie des esclaves aux États-Unis

Histoire

Table de Matières

La Question de l'Esclavage et la vie des esclaves aux États-Unis

Nous nous habituons de plus en plus à tourner nos regards vers l'Amérique, pour rencontrer de l'inattendu et de l'imprévu. *Quid novi fert America ?* deviendra bientôt peut-être le mot de tout Européen à l'arrivée de chaque paquebot de San-Francisco ou de New-York. Quelles que soient cependant les vicissitudes heureuses de la fortune politique et de la prospérité matérielle de la grande république, dont chaque courrier fait passer sous nos yeux le mouvant panorama, il est un point noir qui ne cesse en même temps de s'agrandir, nuée orageuse et épaisse qui flotte lourdement à la surface d'un ciel éclatant de lumière. Depuis un demi-siècle, elle se balance menaçante, et toujours prête à verser ses torrents de grêle et de soufre sur les riches cités et les champs fertiles ; mais telle est la force de l'habitude, que tout en la redoutant et en se la montrant sans cesse, les Américains ont presque fini par croire que la nuée ne crèverait jamais. En attendant, elle se gonfle toujours, elle reçoit dans son sein quelques germes de peste de plus, quelques nouveaux éléments de destruction, et charge l'air d'émanations irritantes et électriques propres à soulever les passions des hommes, et à imprimer le mouvement et la vie aux affreuses activités de la guerre civile et de l'anarchie.

Oui, en même temps que l'Union voit grandir sa prospérité matérielle et sa richesse, elle voit s'étendre aussi la néfaste institution de l'esclavage. Le temps n'est plus où l'on pouvait croire que les progrès de la nation amèneraient la ruine de cette iniquité ; le temps n'est plus aussi où les hommes d'état modérés pouvaient se flatter de l'abolir successivement, par des compromis, par l'annexion de nouveaux états, par la discussion. Désormais ces illusions sont passées, et il ne reste plus, pour résoudre cette question, que le moyen qu'emploient également les désespérés et les tyrans, — la violence.

L'histoire des dix dernières années est grosse d'enseignements, elle explique très bien comment les demi-moyens et les transactions, utiles dans les questions d'ordre moral, sont impuissants contre un mal matériel, et comment un principe abstrait est incapable de lutter contre des intérêts qui n'ont jamais reposé sur

Émile Montégut

aucun principe. Allez donc lutter contre la gangrène au moyen de sirops et de calmants ! En croyant soulager le malade, vous ne ferez qu'étendre la plaie, et le moment viendra où vous vous apercevrez que l'unique remède était de couper le membre infecté. Allez donc lutter contre l'usure au moyen d'amortissements lents et successifs de votre dette ! Vous vous ruinerez à vouloir combler ce tonneau des Danaïdes, si vous n'avez en main un moyen d'éteindre d'un coup cette dette prolifique et envahissante. Telles ont été malheureusement la condition et la politique des états du nord depuis dix ans dans cette question de l'esclavage : ils ont agi comme le chirurgien temporisateur avec le membre gangrené, comme le débiteur obéré avec l'usurier habile. Le nord a été dupe, même dans les transactions qui semblaient devoir tourner à son avantage, et pourtant, dupe ou non, il a fait son devoir. Il ne pouvait aller au-delà de ce qu'il a fait sans poser la terrible question devant laquelle le cœur le plus ferme aurait reculé. Il a fait ce qu'il devait faire. Seulement aujourd'hui il a épuisé tous les moyens de conciliation, et il ne peut plus rien accorder sans se suicider lui-même.

Tout a servi le sud, et maintenant c'est lui, on peut le dire, qui guide momentanément les destinées de la république. Le compromis Clay lui a bien enlevé la faculté de transporter ses esclaves dans un pays qui les repoussait naturellement, comme la Californie, ou dans un territoire désert qui n'offrait aucune ressource au travail servile, comme le Nouveau-Mexique ; mais en revanche il lui a donné la faculté de couper quatre états nouveaux dans un immense territoire où l'esclavage est déjà établi : le Texas. En outre l'article le plus nouveau et le plus important du compromis de 1850, le bill sur les esclaves fugitifs, est tout en faveur du sud. Jamais on n'a mieux dupé un parti avec ses propres principes qu'on n'a dupé les whigs par le vote de ce bill. Sur quels arguments s'appuyaient-ils, tous ces hommes du nord, whigs, *free soilers*, abolitionistes, pour prouver qu'on avait le droit de porter la main sur l'esclavage ? Ils s'appuyaient sur les principes fédéralistes, sur le pouvoir que possède le gouvernement central de régler dans chaque état les questions qui intéressent la nation tout entière. Et sur quoi s'appuyaient les hommes du sud, sinon sur les principes opposés, sur le droit de chaque état à se gouverner lui-même ? Dans ce bill des esclaves fugitifs, le nord a prêté au sud ses propres arguments et a rivé plus fortement les chaînes des esclaves au moyen de ses principes libérateurs. À partir du bill sur les esclaves fugitifs, l'esclavage a cessé d'être l'*institution particulière*, comme on le désigne communément en Amérique ; il a été reconnu pour ainsi dire officiellement par l'état comme une institution nationale. Oh ! complication et confusion engendrées par la duplicité et la fourberie de l'esprit de parti ! Le gouvernement général de l'Union, qui, selon ces *state rights men* du sud, n'avait pas le droit de toucher aux institutions particulières aux états, a prêté sa main à ceux mêmes qui la repoussaient, et l'a retirée à ceux qui la sollicitaient ; il a mis à la disposition des propriétaires d'esclaves ses tribunaux, ses magistrats, ses officiers fédéraux. Non-seulement toute action sur le sud a été refusée au nord, mais il ne lui a plus été permis d'être gouverné en vertu de ces principes de *droit des états* que le sud invoquait si fort naguère. On est venu le troubler dans sa liberté et dans sa paix, et il a dû supporter le spectacle d'hommes du sud venant à chaque instant blesser ses instincts les plus chers. Ainsi dupé par lui-même, par ses principes, par ses orateurs et ses hommes d'état, dupes eux-mêmes de la nécessité de conserver l'union et d'éviter la guerre civile, le nord s'est soumis en murmurant et en rechignant. Le bill des esclaves fugitifs a été strictement appliqué, et les citoyens de New-York et de Boston ont prêté main-forte aux officiers fédéraux ; les abolitionistes trop turbulents ont été désavoués, les prédicateurs trop libéraux traités d'anarchistes et de lunatiques. Le nord, tout mécontent qu'il fût, semble avoir cru un instant que cette concession forcée qu'on lui avait arrachée serait la dernière, et il avait consenti à une rigoureuse application du bill relatif aux esclaves fugitifs, sur la foi des auteurs du compromis et du grand orateur du Massachusetts, Daniel Webster, qui avaient déclaré que cette mesure était en principe et en substance une solution définitive de la question de l'esclavage.

À peine cependant cette concession *définitive* avait-elle été arrachée au nord, que s'élève la question de l'organisation des territoires de Nebraska et Kansas. Rien n'était plus simple que l'organisation de tels territoires. Il existait une loi fédérale, connue sous le nom de *Missouri compromise*, qui interdisait l'esclavage dans les territoires à l'ouest du Mississipi au-delà du 36e degré de latitude. Les territoires de Nebraska et Kansas étaient situés au-delà de cette latitude et affranchis par conséquent de cette odieuse institution. Les hommes du sud, qui jadis n'avaient pas trouvé le compromis de 1850 assez favorable à leurs intérêts, s'avisent de demander le rappel du *Missouri compromise*, ou, pour mieux dire, la révision de cet acte en vertu des principes du compromis Clay. Cette tactique d'hypocrite légalité réussit encore, et il se trouva une majorité pour voter le rappel du *Missouri compromise*, et un président homme du nord pour sanctionner cette mesure. Nous ne voulons pas incriminer la conduite des hommes des états libres : ce n'est point par absence de principe qu'ils ont agi, ils peuvent même invoquer en faveur de leur conduite les sentiments de patriotisme les plus sacrés ; ils n'ont pas osé, — et ce mot dit tout, — ils n'ont pas osé sacrifier la patrie, le souvenir d'un passé chéri, les espérances d'un avenir grandiose et éblouissant à la liberté, à l'humanité et à la justice. Le nord s'est soumis à la suite de ses hommes politiques. En vain des troubles ont éclaté, en vain Gerritt Smith a réuni sa convention abolitioniste de Syracuse, en vain M. Hale et M. Seward ont tonné, en vain l'éloquent Théodore Parker a lancé ses foudres d'excommunication contre les possesseurs d'esclaves : le bill est devenu loi de l'état. Rien n'est perdu encore, a pensé le nord ; si les principes du compromis Clay que l'on invoque sont appliqués, la question sera librement débattue. Les habitants et les colons du Kansas pourront, réunis en conventions et en assemblées délibérantes, décider librement s'ils veulent que l'esclavage s'établisse ou non au milieu d'eux, comme les habitants de la Californie et du Nouveau-Mexique ont été appelés à le faire. — Cette dernière illusion de paix a dû tomber comme toutes les précédentes. Si le nord recule devant la violence, ce n'est pas le sud qui reculera. Les Missouriens ont donc passé dans le Kansas en belles bandes armées, et se sont mis en train de résoudre la question contre leurs adversaires, non au moyen de discours et de bulletins, mais au moyen du *revolver* et du *bowie knife*. Le sang coule depuis près d'un an, il coule encore à l'heure où nous écrivons.

L'esclavage triomphe donc. Le nord recule peu à peu, et à chaque pas en arrière se trouve un peu plus impuissant, ou, pour mieux dire, il sent le pistolet de son adversaire un peu plus près de lui. Il recule par patriotisme et par crainte d'agir, espérant toujours son salut de la justice et des principes moraux. Quant au sud, qui n'a pas à espérer en sa faveur de pareilles interventions, il sent qu'il ne devra son salut qu'à lui-même, et cherche l'appui peu moral de la violence. Veut-on avoir un exemple frappant de ce triomphe du sud et de cet état d'impuissance du nord : un nouveau parti se forme, connu sous le nom de *know-nothing*, et composé d'hommes frappés des nombreux dangers qui menacent la république. Il commence par déclarer qu'il ne reconnaît qu'une république une et indivisible, qu'il ne connaît ni nord, ni sud, ni est, ni ouest. Ce parti, après s'être recruté sourdement, s'être constitué en secret, juge que le moment de se déclarer officiellement est venu. Une convention de tous les *knownothing* de l'Union s'assemble à Philadelphie, et dès les premières séances, l'anarchie s'introduit dans le sein de ce parti, constitué pour s'opposer à l'anarchie. Aussitôt qu'il fut question de formuler le *credo* de la secte relativement à l'esclavage, le schisme éclata, et l'on vit apparaître des *know-nothing* abolitionistes, des *know-nothing* partisans de l'esclavage, et des *know-nothing* partisans du compromis. C'est assez dire combien les tentatives de conciliation sont impuissantes.

Nous voudrions partager les illusions de ceux qui croient à la possibilité de l'extinction de l'esclavage aux États-Unis, et qui l'attendent du progrès du temps ; nous avons partagé cette illusion, à laquelle il faudrait enfin renoncer. Outre les montagnes de préjugés qui s'opposent en Amérique à l'émancipation des noirs, je remarque que chacun des progrès généraux que la race blanche opère dans le monde et chacun des progrès particuliers des États-Unis nouent un peu plus fortement encore ce nœud gordien, que personne ne voudrait couper avec l'épée, et qui ne peut en effet être coupé avec l'épée. Chacun des phénomènes nouveaux qui viennent témoigner de la force de vie qui anime les États-Unis favorise l'esclavage, au lieu de lui porter atteinte. Ainsi, pour prendre un exemple, il n'est point douteux que l'esclavage eût été aboli dans le premier quart de ce siècle, si l'industrie n'avait accompli les progrès dont nous sommes si fiers. Tout favorisait l'émancipation : l'exemple du nord, qui venait d'émanciper ses esclaves, le souvenir récent de la révolution, l'esprit du siècle, les échos de la révolution française. Les généreuses pensées qui avaient animé les compagnons de Washington faisaient encore vibrer les cœurs, et la génération qui avait combattu les armées anglaises n'avait pas encore disparu. Le vieil esprit puritain, qui avait condamné sans pitié la race de Cham, avait fait place à l'esprit d'utilitarisme philanthropique et de générosité calculatrice dont Franklin fut le type achevé. On avait pesé les avantages et les inconvénients de l'esclavage, ses profits et ses périls, et l'on était arrivé à peu près à la conclusion que ses bénéfices ne valaient pas la honte qu'il attirait sur les états contraires à l'affranchissement. Les États-Unis tenaient en outre à leur réputation de puissance libérale, et à cette époque ils auraient certainement reculé devant les murmures d'improbation de la France, chez qui l'émancipation était dès-lors adoptée, et de l'Angleterre, où le cri d'émancipation avait aussi retenti. L'Amérique avait alors plus de respect humain, pour parler comme les casuistes, qu'elle n'en a aujourd'hui. Enfin les États-Unis aimaient à rejeter sur l'Angleterre la responsabilité de cette institution, et ils trouvaient ainsi moyen de satisfaire à la fois leur sentiment philanthropique et leur rancune politique. Ce n'était pas la république qui avait créé l'esclavage ; elle l'avait trouvé établi : c'était un reste des temps coloniaux, un vestige de l'odieuse domination anglaise qu'il fallait se hâter d'effacer au plus vite, afin que tout fût oublié de ces liens de parenté avec une marâtre détestée.

Ainsi l'état des âmes et des cœurs, les passions généreuses, les préjugés mesquins, les rancunes et les idées, la constitution politique et l'orgueil national, tout était d'accord pour demander l'abolition de l'esclavage. Sur ces entrefaites arriva la croissance inouïe de l'industrie anglaise. Des villes dont les *pilgrim falhers* n'avaient pour ainsi dire jamais entendu le nom étalaient avec orgueil leurs usines, leurs boutiques et leurs ateliers. L'Angleterre fit des demandes extraordinaires et inusitées de coton ; les planteurs du sud y répondirent. D'année en année cette consommation de matières premières fut plus grande, d'année en année par conséquent les plantations du sud durent employer un plus grand nombre de bras. L'émancipation fut oubliée, et, lorsqu'on en reparlait, le sud répondait par cette formule invariable des personnes polies qui n'osent se prononcer : Nous verrons plus tard ! On commença à s'habituer à l'idée que l'esclavage était, non une institution temporaire, mais une institution définitive. On chercha des raisons philosophiques favorables à l'esclavage, et on en trouva sans peine dans l'état d'abaissement irrécusable de la race noire, dans ses instincts de soumission, dans sa longue et monotone histoire de servitude et d'oppression, dans l'opinion de la tradition humaine touchant cette race, et dans la condamnation que la Bible a lancée contre les enfants de Cham. On trouva des journalistes pour exposer ces théories et des ministres protestants pour les prêcher. Ce *ravivement* (*revival*) en faveur de l'esclavage fut le fruit de cette industrie européenne que nous regardons comme un moyen d'émancipation. À mesure qu'il fallut plus de coton, il fallut aussi plus d'esclaves, et la grande préoccupation ne fut plus de savoir comment on se débarrasserait de ceux qui existaient, mais de savoir comment on pourrait en avoir un plus grand nombre. Alors, aux premiers jours de la restauration, l'industrie européenne était bien loin d'être ce qu'elle est devenue, et l'industrie américaine n'existait pas du tout. Voilà cependant que les manufactures du nord abolitioniste commencent à absorber une partie des matières premières que fournit le sol de l'Union. Cette industrie nationale, déjà considérable, n'est encore que dans son enfance ; mais à mesure que la population augmentera et que les villes se multiplieront, l'industrie grandira aussi, et alors il faudra, ou bien refuser une partie des demandes de l'Europe, ou bien produire une plus grande quantité de matières premières, et pour satisfaire à cette dernière condition, il n'y a qu'un moyen : des esclaves, et des esclaves encore !

Nous venons de citer un des phénomènes contemporains qui ont maintenu l'esclavage ; mais dans celui-là l'Europe a sa part de responsabilité aussi bien que l'Amérique. Prenons donc un phénomène qui ne soit pas universel et qui soit absolument américain. Il en est deux qui peuvent frapper tous les regards, — la politique d'expansion et la puissance croissante des états de l'ouest. Au profit de quelle partie de l'Union peut tourner la politique d'expansion, à laquelle, je le crains bien, il serait inutile de résister ? Ce n'est certainement pas au profit du nord. Le nord est limité et gêné dans ses désirs d'expansion, il n'a pas autour de lui de nouveaux territoires à conquérir, ou à découper en nouveaux états libres ; l'annexion du Canada est un fait indéfiniment ajourné par les satisfactions que l'Angleterre a données à sa colonie et par la prospérité matérielle de ses habitants. Pendant longtemps, le sud a craint d'être en minorité dans le congrès ; bientôt peut-être ce sera au nord d'avoir les mêmes craintes. Au sud au contraire, les possibilités d'annexion sont indéfinies. De toutes parts s'offrent des pays immenses, qui pourraient, une fois conquis, tripler et quadrupler le nombre des étoiles qui brillent sur le pavillon de l'Union ; le Mexique, l'Amérique centrale, Cuba, Haïti. Dans quelques-uns de ces pays, l'esclavage est tout établi ; dans les autres, les mœurs du midi, la corruption morale de populations abâtardies, la fertilité du sol et la nature du climat favorables au travail particulier des plantations offrent aux propriétaires d'esclaves toutes les facilités désirables pour s'y établir avec profit et sans soulever de bien vives récriminations. À mesure que l'Union s'étendra du côté du sud, — et ce n'est que de ce côté qu'elle peut s'étendre, — on peut être certain que le nombre des états à esclaves augmentera aussi. Faut-il s'étonner alors que ce soient les états du sud qui parlent le plus ardemment en faveur de cette politique, populaire d'ailleurs sur toute l'étendue de l'Union ? De même que le sud a mis habilement à profit pour ses intérêts particuliers les désirs d'union et les sentiments constitutionnels et républicains de ses frères du nord, il exploite habilement les passions de grandeur et les espérances d'avenir qui tourmentent tous les cœurs américains. Le sud a du reste un auxiliaire puissant dans l'ouest, qui a toujours au service de ces passions de conquête des milliers de bras, et qui jusqu'à présent ne s'est pas mêlé très ardemment aux querelles sur l'esclavage. L'ouest a jusqu'ici gardé une assez stricte neutralité entre le nord et le sud ; mais s'il doit jamais se prononcer, de quel côté se tournera-t-il ? N'est-il pas à craindre qu'il ne tende la main aux états qui se sont faits les avocats de cette politique de conquête, pour laquelle il a des milices d'aventuriers toutes prêtes, et qu'il n'est besoin que d'enrégimenter ? D'ailleurs les états libres de l'ouest n'ont pas la susceptibilité morale des états du nord : ils n'ont pas de culture littéraire et philosophique. On les fouillerait vainement qu'on ne trouverait pas dans leurs populations d'émigrants, de fermiers, de chasseurs, l'étoffe d'un Charles Sumner, d'un Lowell, d'un Théodore Parker. À demi barbares sont les aventuriers et les colons qui les peuplent ; quant aux *Yankees* qui s'y sont établis, grâce à mille circonstances, toutes plus propres à fortifier le caractère de l'homme qu'à épurer délicatement sa conscience, l'habitude du danger, le voisinage des prairies, etc., ils n'ont certainement gardé de leurs idées du nord que les préjugés à l'endroit du sang noir, et nullement l'horreur de l'esclavage.

À ces causes principales, qui donnent aux états à esclaves une force matérielle puissante, ajoutez les innombrables préjugés qui s'opposent en Amérique à l'émancipation des noirs. Dans le sud domine encore l'esprit aristocratique des anciens fondateurs de la Louisiane, de la Virginie et des Carolines. Là ce ne furent point de petits bourgeois anglais et de petits bourgeois de comtés qui vinrent s'établir ; là il n'y eut pas trace à l'origine de démocratie puritaine comme dans le Massachusetts et le New-Hampshire. Les colonies du sud furent au contraire le refuge de toute l'aristocratie protestante persécutée ou craignant de l'être, dépouillée de ses biens ou cherchant une fortune, — l'asile des gentilshommes huguenots français et des gentilshommes anglicans du temps d'Élisabeth et des Stuarts. Dans le nord, le sentiment biblique put bien agir aussi durement que dans le sud à l'égard de la race de Cham ; mais les hommes n'obéissent pas longtemps à leurs préjugés intellectuels, tandis qu'ils obéissent éternellement à leurs préjugés matériels de sang, de race et de condition. Aussi les durs et impitoyables colons du nord ont-ils dû en définitive triompher de leurs préjugés bibliques et protestants, et obéir forcément aux instincts de liberté et de justice de leur race, tandis que les brillants, les courtois, et, je n'en doute pas, les tolérants colons du sud ont légué à leurs descendants toute la violence secrète de leur sang et tout le mépris dissimulé de leur âme.

Ajoutez à cette influence occulte du sang dans le sud deux causes plus abstraites, mais très puissantes aussi, et cela dans toutes les parties de l'Union, un certain ravivement du sentiment biblique et l'absence de sympathie humaine pour la race noire. Les abolitionistes du nord, comme Mme Stowe l'avait fait remarquer avec beaucoup de finesse dans le personnage de miss Ophélia, ne mettent pas dans cette cause cette chaleur du cœur et cette charité réellement chrétienne qui font triompher de tous les obstacles. Ils combattent l'esclavage en vertu de principes abstraits et par amour de la justice, mais nullement par commisération pour la race opprimée et par impulsion sympathique. Un seul fait suffit à le prouver. Depuis tant de longues années que cette question s'agite, le nord a produit des avocats fougueux de la liberté, des pamphlétaires habiles, des orateurs diserts ; il n'a pas produit un Wilberforce ! Et cependant l'occasion était belle pour un homme de charité et de foi ! Un seul prédicateur, le bon docteur Channing, a trouvé quelques-uns de ces accents élevés qui savent le chemin de l'âme ; mais ce n'était que par occasion. L'esclavage n'était pas l'unique préoccupation de son esprit et le tourment principal de son cœur. Enfin nous avons signalé le sentiment biblique, et sur ce point nous glisserons légèrement. L'esclavage ne fut si détesté au moment de la révolution et dans les années qui suivirent que par suite de la domination des principes généraux d'humanité que le XVIIIe siècle avait mis dans le monde. La révolution américaine fut le produit d'un mélange de protestantisme et d'idées du XVIIIe siècle, d'un protestantisme épuré, raffiné, sans l'âpreté primitive, et d'idées du XVIIIe siècle sans l'impiété et l'irrévérence qui les rendirent si néfastes chez nous. Ce mélange original, où les idées morales humaines étaient corrigées de ce qu'elles ont de trop aventureux par les idées religieuses, et où les idées religieuses étaient corrigées de l'intolérance qui leur est propre par les idées de morale sociale, constitue l'idéal de la république américaine à son origine. C'est ainsi que la république américaine a pu être nationale, parce qu'elle s'appuyait sur le fondement religieux du pays, et en même temps être saluée par tous les peuples comme un triomphe général de l'humanité, parce qu'elle s'appuyait aussi sur des principes qui ne sont point locaux ou nationaux, mais qui intéressent les hommes de toutes les races et de toutes les religions. Malheureusement ce mélange salutaire et véritablement civilisateur est dissous. Les idées du XVIIIe siècle n'ont plus en Amérique l'importance qu'elles y ont eue autrefois. Cet élément philosophique et laïque si raffiné et si humain a été remplacé par un esprit d' indépendance moins susceptible, plus matériel, plus actif peut-être, mais certainement peu élevé. Travailler et faire fortune par tous les moyens, tel a été le but principal des Américains. Le sentiment protestant au contraire s'est moins affaibli, et, une fois débarrassé de l'espèce de contrainte que lui imposait l'élément philosophique, il a repris quelques-unes de ses anciennes allures. Il y a eu une sorte de recrudescence protestante à mesure que l'esprit de la révolution a décliné, et si aujourd'hui il existe encore un sentiment moral généralement répandu aux États-Unis, on le doit à l'esprit de la Bible et non plus à l'esprit du XVIIIe siècle. Or, quoiqu'il soit absurde de chercher dans la Bible, comme le font certains ministres du sud, des arguments favorables à l'esclavage, on ne peut nier cependant que le livre saint ne contienne la condamnation formelle de la race de Cham. En dépit de l'esprit qui vivifie, la lettre qui tue a son influence sur les âmes ; elle rend l'indignation plus tiède, les sympathies moins vives, et comprime par des souvenirs de textes l'explosion des sentiments. L'esprit biblique des États-Unis, je le crois, malgré Mme Stowe et les prédicateurs du nord, dont l'exemple et les écrits semblent en apparence donner un démenti à cette assertion, n'est donc pas sans influence dans cette question de l'esclavage.

On voit quelles nombreuses circonstances se réunissent pour imposer aux États-Unis le maintien de l'esclavage. Comme cette question n'est point de celles qui peuvent se dénouer par le glaive ou par le vote d'une majorité, nous avons cru longtemps qu'il serait possible d'arriver par la patience et la modération à un dénouement définitif ; maintenant nous sommes, hélas ! beaucoup moins confiant. Il se peut que l'esclavage soit établi aux États-Unis pour l'éternité, et qu'à moins d'une intervention providentielle difficile à prévoir, les planteurs américains se présentent au jugement dernier le fouet à la main et leurs nègres en laisse. Voilà donc exactement l'état de la question : le nord recule et perd du terrain, les compromis le ruinent peu à peu, et même lorsqu'ils semblent lui être avantageux, ils ne profitent qu'au sud. La politique nouvelle d'expansion et de conquête favorise l'esclavage ; les instincts à demi barbares et l'esprit aventureux de l'ouest le secondent ; l'industrie européenne l'a maintenu, l'industrie américaine l'augmentera, et les préjugés de sang, d'opinion et de religion lui prêtent un appui moral immense, — dans le sud en aveuglant et en rassurant la conscience des propriétaires d'esclaves, dans le nord en énervant et en débilitant par leur action latente et délétère l'énergie de résistance des partisans de la liberté. Telle est la situation ; elle n'est pas brillante.

Ainsi attaqué et menacé, le nord se défend comme il peut ; il fait, on peut le dire, un dernier effort en faveur de la légalité et de l'union. Il fait appel à l'opinion publique ; les livres sur l'esclavage se multiplient et viennent jeter quelque lumière sur cette face sombre de la société américaine. Il ne faut pas chercher dans ces livres un intérêt littéraire, qu'ils ont à peine pour la plupart. Aucun d'eux n'a encore dépassé en émotions et en vigueur les bonnes parties de l'*Oncle Tom*. Ils ont un intérêt plus grand qu'un intérêt de phrases,

Émile Montégut

de style et de composition : ils roulent sur la question morale la plus importante peut-être de ce temps-ci, et c'est à ce titre qu'ils méritent d'être lus. Ils sont quelques-unes des pièces d'un dossier déjà énormément chargé. Si l'on ne cherchait que l'émotion et le plaisir littéraire, la plus recommandable peut-être de ces diverses publications serait sans contredit *Ida May*, par mistress Mary Langdon. *Ida May* n'a que le tort de venir après l'*Oncle Tom*. Ce livre fait appel aux mêmes sentiments et aux mêmes affections : il est écrit pour des femmes, pour un public de mères, de filles et d'épouses ; il a cependant son originalité très marquée malgré cette ressemblance fondamentale. Mistress Stowe avait fait appel au cœur des Américains, en se bornant pour ainsi dire à établir une analogie naturelle entre les sentiments de la race blanche et les sentiments de la race noire. Elle démontrait que les mêmes affections qui arrachaient les larmes de la femme blanche agissaient avec la même violence sur les négresses et les mulâtresses. « Élisa pleura lorsqu'elle apprit que son enfant était vendu ; absolument comme vous pleurâtes, madame, lorsque vous perdîtes votre enfant nouveau-né, comme vous pleureriez si on s'avisait d'enlever votre enfant. — George grinça des dents lorsqu'il apprit le sort de sa femme avec autant de rage que vous, monsieur, si votre femme était obligée de fuir pour sauver sa vie. » C'est de cette démonstration de l'identité de sentiment chez les deux races, de ce parallèle continuel entre les affections des maîtres et des esclaves, que découle la grande source d'émotion de l'*Oncle Tom*. Mistress Langdon a voulu frapper plus fort et plus directement. Ce n'est plus l'enfant de la quarteronne Élisa qui souffre, c'est l'enfant d'un homme libre, d'un blanc, d'un citoyen. — *Ida May* est la navrante odyssée d'une jeune fille blanche enlevée par des marchands d'esclaves et vendue sur le marché de la Nouvelle-Orléans. Tous les malheurs qui peuvent fondre sur la tête d'une esclave, mistress Langdon les a accumulés sur la tête de la jeune *Ida May*. Ainsi ce ne sont plus les sentiments de sympathie que l'esclavage blesse, peuvent dire les mères américaines, ce sont vos affections mêmes qu'il attaque, et se défendre contre lui n'est pas seulement un acte de justice, c'est un acte de légitime défense. — Tel est l'aveu que mistress Langdon a voulu arracher à son public féminin ; malheureusement la donnée de son roman est moins vraie que celle de l'*Oncle Tom*, et la destinée d'Ida

May ne sera jamais qu'une exception, éloquente sans doute et plaidant aussi fortement contre l'esclavage que la mort d'un innocent contre la précipitation des jugements, mais enfin une exception. En outre *Ida May* n'a pas la naïveté littéraire de l'*Oncle Tom*. Ce qui fait le mérite de ce dernier roman, c'est que Mme Stowe ne sait rien de la littérature européenne, comme ses voyages l'ont bien prouvé, et n'a eu à redouter aucune réminiscence de poème, de drame ou de roman. Il n'en est pas de même de mistress Langdon, qui se rappelle habilement ses lectures et qui les met à profit. Il y a notamment une scène fort dramatique où figure une négresse, réminiscence évidente d'un personnage de *Notre-Dame de Paris*.

Nous mentionnerons seulement pour mémoire un roman en deux volumes énormes, écrit par une dame américaine, chaude néophyte du parti *know-nothing*, et qui se cache sous le pseudonyme assez bizarre de *Justia*. Il n'y a réellement rien à dire de cet obscur et indigeste fatras, écrit dans le pire style américain, et dont le titre très-significatif, *notre Société, ou la Règle du démocrate*, est à peu près l'unique mérite. Nous avons hâte d'arriver à deux ouvrages qui n'ont au contraire rien de romanesque : l'un est une autobiographie d'esclave affranchi, l'autre une *promenade dans le sud* par un *Yankee* abolitioniste, ami de Mme Stowe. Les deux ouvrages m'ont frappé par leur modération et leur air de candeur. L'esclave affranchi est M. Frédéric Douglas, un des abolitionistes les plus célèbres des États-Unis. Tous ceux qui lisent assidûment les journaux américains le connaissent depuis longtemps. Il est l'ami de Gerritt Smith, le chef des abolitionistes les plus radicaux de l'Union ; il est un des membres des conventions ardentes et tapageuses de Syracuse, d'Albany et autres localités de l'état de New-York ; il a pris part à presque toutes les controverses relatives à l'esclavage depuis plus de dix ans, et il n'est pas de circonstance critique, élections, votes de compromis, applications de la loi sur les esclaves fugitifs, où il n'ait prononcé plusieurs discours. Il s'exprime bien, et met dans ses discours toute la fougue et toute la violence qu'il a jugé bon de supprimer dans son autobiographie. Le caractère de ses discours nous avait fait croire à un récit passionné ; grand a été notre désappointement. Le portrait que l'éditeur a placé en tête du livre nous a expliqué cette singularité. La figure respire cet air de défiance qui est particulier à toutes les races dont la condition est équivoque ;

les traits ont de l'énergie, mais de cette énergie qui est le produit d'un effort de la volonté et de la réflexion, non de cette énergie naturelle qui est le produit du caractère, et souvent aussi d'une condition simple, logique, bien assise sur des bases solides et *franches*, si nous pouvons parler ainsi. L'œil a cette timidité craintive qui résulte d'une longue soumission, d'une contrainte forcée, de sentiniens refoulés et gênés dans leur expansion. La liberté n'a pas effacé dans cette âme les souvenirs de l'esclavage. L'auteur est évidemment encore soumis à une sorte d'oppression morale qui a survécu à l'oppression physique. M. Frédéric Douglas est un affranchi dans tout ce que ce mot peut avoir de plus honorable et de plus digne de sympathie. De là sans doute la contradiction que nous devons signaler entre ses discours et son autobiographie. Devant un public, l'orateur se sent soutenu, encouragé et excité ; il a autour de lui des auditeurs bienveillants et malveillants, des amis et des ennemis ; il parle donc sans contrainte. Seul avec lui-même, la plume en main, le souvenir de l'oppression exercée se dresse devant lui, et sa timidité reparaît. C'est l'effet naturel de toutes les oppressions de rendre l'homme plus hardi en face même d'une armée d'ennemis qu'en face d'un seul adversaire, par conséquent plus violent qu'énergique. Nous pensons que c'est là l'explication psychologique de la modération dont M. Frédéric Douglas a fait preuve dans son autobiographie.

La *Promenade dans le sud ou l'Esclavage vu de près* est écrit par un M. Parsons, et contient des détails intéressants. On peut en toute assurance s'appuyer sur son autorité, car ce livre est bien loin d'avoir le ton d'un pamphlet. On n'écrit pas avec plus de calme que l'auteur, et on ne raconte pas avec plus de froideur des scènes plus navrantes. M. Parsons est cependant un abolitioniste très décidé, quoiqu'il décline la qualité de *garrisonite* ; son calme et son sang-froid en présence de l'esclavage qu'il abhorre sont une confirmation de cette action latente des vieux préjugés qui règnent chez les hommes du nord à leur insu, et qui énerve toute leur force de sympathie. En revanche, durant tout le cours de sa promenade, M. Parsons se réjouit fort de ne pas appartenir au sud ; il est fier de sa qualité d'*Yankee*, et il ne laisse pas échapper une occasion de le déclarer ; il aime, chemin faisant, à donner aux habitants du sud des leçons de morale, d'activité, de bonnes vie et mœurs, et on ne sait en vérité si sa qualité d'homme du nord ne lui tient pas plus à cœur que sa qualité d'abolitioniste. Les hommes du sud lui font peur, et il faut dire que les traits qu'il leur attribue ne sont pas faits pour rassurer. C'est de son livre et de celui de M. Frédéric Douglas que nous tirerons certains détails caractéristiques et curieux sur l'esclavage aux États-Unis et sur la manière dont il fonctionne.

Une chose frappe tout d'abord, c'est le mystère qui entoure l'esclavage. Les esclaves sont-ils bien ou mal traités par leurs maîtres ? Les nègres sont-ils soumis à toutes les violences que l'on attribue aux planteurs ? Le nord l'affirme, le sud le nie ; les voyageurs européens diffèrent entièrement d'opinion à cet égard. Il est assez curieux que, dans un pays de publicité comme l'Amérique, on puisse ignorer aussi longtemps la vérité sur une institution qui existe à la clarté du soleil. Plusieurs circonstances concourent à expliquer ce mystère. En premier lieu, la publicité n'éclaire que les actes qui s'accomplissent dans les lieux où il existe réellement un public, dans les grandes villes du sud par exemple, à Baltimore, à Savannah, à Charleston, à la Nouvelle-Orléans, où l'esclavage se présente naturellement sous sa forme la plus modérée. Là, les nègres ne sont point soumis au travail des plantations ; ils accomplissent les fonctions de domestique, de cuisinier, de garçon d'hôtel et de taverne. Ce n'est donc pas dans les villes qu'il faut évidemment aller chercher la vérité sur l'esclavage et la condition des noirs ; là, la publicité est trop grande. Et cependant combien de détails passent inaperçus, qui donneraient au voyageur la clé de la vérité, s'il pouvait les apercevoir ! Mais il ne les aperçoit presque jamais, car ce sont de ces détails qui ne se révèlent que par un long séjour, une longue habitude des mœurs, ou une circonstance fortuite. M. Parsons en cite un exemple qui est très significatif. Il logeait dans un hôtel de Savannah, nommé *Marshall-House*, où un de ses amis avait pris sa demeure depuis plusieurs années. Cet ami, ayant rarement vu maltraiter publiquement les noirs, s'était presque converti à l'esclavage. Il arriva par hasard que pendant le séjour de M. Parsons, l'hôtel changea de propriétaire, et qu'on fit la découverte suivante : les nègres n'avaient point de lit, et dormaient par terre ou sur des planches, sans oreillers ni couvertures. Les deux garçons noirs chargés des bottes des voyageurs s'en servaient pour se faire des oreillers ; dans la cuisine, on trouva cinq servantes noires couchées

Émile Montégut

sur la brique nue. Grand fut l'étonnement de M. Parsons et de son ami, lorsque le propriétaire sortant expliqua le fait par cette raison, que dans les hôtels du sud les nègres ne dorment jamais dans des lits. Étonné de la réponse, M. Parsons s'informa à une personne de sa connaissance, qui logeait à *Pulaski-House*, de la vérité. La personne interrogée répondit : « Ce propriétaire est une brute de ne pas donner des lits à ses nègres, car ils ont à travailler dur pendant l'hiver. — Ont-ils des lits chez vous ? demanda M. Parsons. — Certainement. — En êtes-vous sûr ? M, Johnson prétend que dans les hôtels ils n'ont jamais de lits. » On interroge le propriétaire de *Pulaski-House* pour avoir de plus amples informations. « Des lits ! répond-il ; est-ce que vous ne savez pas que les nègres ne dorment jamais dans des lits ? Ils aiment mieux dormir sur le parquet. »

Nous avons cité ce singulier détail, parce qu'il montre bien l'extrême difficulté qu'il y a à connaître exactement la vie des personnes d'une autre condition que la nôtre, et combien la publicité est impuissante à nous révéler toute la vérité. Encore ces choses se passent dans les villes, où l'opinion publique a une action toute puissante, où les esclaves sont mieux traités que dans toute autre partie du sud, où ils sont en apparence bien logés, bien vêtus, bien nourris, habitant des hôtels où circulent des milliers de voyageurs, où séjournent souvent des années entières des hommes du nord. Que sera-ce donc dans les plantations où règne le mystère le plus absolu, où, dès qu'un visiteur approche, les coups de fouet s'arrêtent tout naturellement jusqu'à ce qu'il se soit éloigné, où l'expérience a appris aux esclaves l'art de brider leur langue et la sagesse du silence ! Demandez à un esclave s'il est content, fût-il en la possession du plus cruel des maîtres : il vous répondra qu'il n'en veut pas changer, et qu'il redoute d'être vendu. La souffrance est généralement expansive ; mais ici tel est l'empire de la terreur, que vous pourriez savoir plus facilement la vérité de la bouche du maître que de la bouche de l'esclave. Dans un hôtel de Savannah, il y avait un esclave marié, nommé John, dont la femme habitait à une distance de vingt-cinq milles de la ville. Le pauvre John, qui l'aimait beaucoup, s'échappait souvent pour aller la visiter, quoiqu'il fût sûr d'être fouetté à son retour. Enfin son maître l'accoupla à une nouvelle femme, et lui ordonna de ne plus songer à l'ancienne. John refusa d'obéir, et supporta héroïquement les coups de fouet que lui valait sa résistance. Il est inutile de demander si cet esclave était content ; cependant il eût été presque impossible de lui faire avouer qu'il était malheureux. C'est l'expérience que M. Parsons, instruit de ces détails, fit passer sous les yeux d'un ami qui était presque converti à l'esclavage. « John, dit mon ami, je voudrais savoir si vous désirez être libre ? — Oh ! non, monsieur, répondit John vivement, je ne me soucie pas d'être libre en aucune façon. — Alors vous avez un bon maître, n'est-il pas vrai, John ? — Oui, j'ai un bon maître, et je ne voudrais pas être vendu. — Ainsi vous aimez mieux rester avec votre maître que d'être libre ou d'aller travailler ailleurs, dites-vous ? — J'aime autant rester ici, répondit John, parce qu'on ne sait pas dans quelles mains on peut tomber. — Et maintenant, dit le *gentleman* en se tournant de mon côté, que pensez-vous du mécontentement des esclaves ? — Je pense que John vous a trompé, répondis-je. — Comment cela ? — Êtes-vous bien convaincu qu'il est content et heureux ? — Certainement, je n'en doute pas. — C'est là votre erreur, monsieur. John n'ose pas vous détromper. Il m'a fait ses confidences il y a quelques jours, et il m'a raconté tous ses malheurs, tous ses chagrins et toutes ses souffrances. Et maintenant, John, dis-je, voulez-vous exposer les faits relatifs au traitement que vous souffrez à cause de votre femme, afin que mon ami, qui est aussi le vôtre, connaisse toute la vérité sur cette affaire ? Parlez librement, vous ne serez point trahi. » Et John, au grand étonnement du marchand du nord, raconta son histoire.

Ajoutez à ces difficultés l'inquisition que les états du sud ont établie pour empêcher les doctrines du nord de pénétrer chez eux, et cet aspect mystérieux que l'esclavage conserve encore n'aura plus rien d'inexplicable. La surveillance est tellement bien exercée, que les questions politiques relatives à l'esclavage, dont rendent compte cependant des milliers de journaux, n'ont un sens que pour les maîtres. M. Frédéric Douglas raconte qu'il fut très longtemps avant de savoir ce que signifiait le nom d'abolitioniste. L'esprit soupçonneux des hommes du sud, toujours en alerte, flaire un abolitioniste comme un limier de marchands d'esclaves flaire un nègre, et alors malheur à lui s'il est découvert ! Les moindres démarches suspectes, les moindres paroles imprudentes d'un homme du nord sont saisies, retenues, notées. Toute la ville est informée de sa présence, et la police suit son ombre. Ce que l'individu soupçonné a de mieux à faire, même lorsqu'il est innocent, c'est de décamper au plus vite, afin d'éviter l'emplumage et l'engoudronnement. M. Parsons cite un exemple fort plaisant de cet esprit soupçonneux du sud. Un des types les plus curieux des états du sud est le *gambler*, le joueur. Dans la Géorgie ou les Carolines, on est joueur, comme on est notaire, marchand ou planteur, sans cesser pour cela d'être un parfait *gentleman*. Or il arriva qu'un habile escroc se présenta, sous le nom de Smith, dans un des hôtels d'une ville du sud. Il venait du nord, il sortait furtivement, rentrait à une heure avancée de la nuit. Ses démarches parurent suspectes, et la police de la ville supposa qu'il se livrait à une propagande abolitioniste clandestine. Ainsi gêné dans l'exercice de sa profession, Smith jugea bon de s'évader. Grande rumeur dans la ville ; l'abolitioniste s'est échappé ! On se met à sa poursuite, et on le rattrape à quelque distance de la ville. — Vous allez nous suivre immédiatement, dit l'officier de police. — Mais qu'ai-je fait ? — Vous le savez mieux que personne, abominable abolitioniste. — Dieu sait si je suis un abolitioniste ; je suis un *gambler*, — Pas de mauvaise défaite, vous ne nous tromperez point. Fouillez-le, mes enfants. On déshabilla notre homme des pieds à la tête, pour savoir si ses bottes ou son chapeau ne contenaient aucun document suspect. Cette recherche n'amena aucun résultat, et cependant les visiteurs n'étaient pas encore satisfaits. — Parbleu, je vais vous prouver que je ne suis point un abolitioniste. Il me reste neuf shillings, et si vous voulez engager une partie, je vous montrerai mon savoir-faire. Tous les membres de l'escouade étant joueurs, sinon de profession, au moins d'habitude, la proposition fut acceptée. On s'assit sur l'herbe, et le faux abolitioniste gagna jusqu'au dernier sou que possédaient ses adversaires. Quoique l'anecdote soit fort plaisante, elle a son côté sérieux, et elle indique à merveille combien le métier d'abolitioniste est dangereux dans le sud.

Pour avoir une idée de l'esclavage, ce n'est donc point dans les villes du sud qu'il faut aller, ni même dans les états du sud-nord, où il est relativement modéré, mais dans les états de l'extrême sud et du sud-ouest, où il existe dans toute sa barbarie. Cependant, même dans les villes, le voyageur peut être témoin d'actes exceptionnels sans doute, mais qui indiquent ce que doit être l'esclavage là où les abus de pouvoir peuvent s'accomplir impunément et ne sont soumis à aucun contrôle public. Il est vrai que les coupables ont la ressource de rejeter leurs actes de violence sur le compte du tempérament ou d'une colère accidentelle. Voici quelques-uns de ces beaux traits dus à des nerfs trop irascibles et à un pouvoir trop peu restreint. Le propriétaire de Marshall-House à Savannah, M. Johnson, avait à son service un jeune nègre superbe, actif et intelligent, d'une conduite irréprochable, sauf un certain amour de la liberté (crime capital aux yeux d'un propriétaire d'esclaves), en vue de laquelle il entassait sou sur sou. Un jour de Noël, ayant bu un peu plus que de coutume, il eut le malheur de laisser tomber quelques gouttes de suif ou d'huile sur les vêtements de la fille de son maître. Le lendemain, M. Johnson apprit l'accident, et, furieux, renversa John, le foula aux pieds avec rage, lui imprimant les talons de ses bottes ferrées sur la poitrine et le visage. Revenu à la raison et voyant le nègre étendu à terre sans connaissance, il se contenta d'appeler et de dire : « Je crois que j'ai tué John. — Tué John ! dit son interlocuteur, et pourquoi ? — Je l'ai corrigé un peu, pour s'être enivré et avoir taché la robe de miss C… » C'est cette même miss C…, digne fille d'un tel père, qui racontait ainsi les traitements que l'on faisait subir aux nègres fugitifs à une personne qui croyait que les chiens chasseurs d'hommes étaient une fable abolitioniste : « Je vous assure que non, car papa possède vingt-cinq dogues pour faire la chasse aux nègres. J'ai vu souvent les nègres qui essaient de s'évader ramenés par les chiens, ayant dans la gueule des lambeaux de leur chair qui étaient si grands, qu'on aurait pu les faire frire. » Ces horribles paroles, sortant de la bouche d'une jeune fille et dites d'un son de voix musical, devaient laisser une fort agréable impression. Perrin Dandin eût trouvé dans cette miss C… une spectatrice empressée de la question, moins dédaigneuse que Mlle Chicaneau, et toute prête à trouver que cela faisait toujours passer une heure ou deux.

Une certaine mistress Hamilton de Baltimore, dont M. Douglas raconte les hauts faits, mérite aussi une mention toute spéciale. Elle avait deux femmes esclaves auxquelles elle faisait subir des traitements si horribles que leur vue faisait pitié. Leur cou, leur tête et leurs épaules étaient littéralement couverts de déchirures, écrit M. Douglas. Cette horrible mistress Hamilton possédait une voix charmante, qui ajoutait encore par le contraste à l'odieux des injures dont elle accablait les pauvres filles. Assise sur un fauteuil, son fouet à la main, elle ne manquait jamais l'occasion de frapper ses esclaves, lorsqu'il leur arrivait de passer devant elle. « Plus vite donc, vilaine noire ! attrape cela, vilaine noire ! si vous n'allez pas plus vite que cela, je vais redoubler ! » tels étaient les chants suaves dont elle accompagnait ses distributions de coups de fouet. Du reste, il est remarquable que les femmes subissent encore plus violemment peut-être que les hommes les influences de cruauté qui émanent de cette institution. Leur nature sensible et impressionnable se déprave au contact de l'esclavage ; l'habitude des spectacles odieux exalte leur esprit comme la lecture d'un mauvais roman, car c'est un des plus tristes mystères du cœur humain que l'imagination rêve aussi facilement de supplices que d'idylles, et que la sensibilité serve merveilleusement les mauvaises passions de la haine et de la cruauté. Ce personnage du roman de Mme Stowe, mistress Saint-Clair, qui écrit de sa belle main l'ordre de fouetter ses esclaves, n'est point une exception, comme on le voit. La conduite de mistress Hamilton elle-même est souvent dépassée, et l'insensibilité de miss C… est fréquemment égalée. M. Parsons cite une scène qui fend l'âme. Tout un chariot part d'une plantation pour le marché aux esclaves ; des maris sont séparés de leurs femmes, des enfants de leurs pères ; tous pleurent et se font les derniers adieux, et pendant ce temps de jeunes filles blanches regardent paisiblement ce spectacle en causant entre elles. « Regardez, fait remarquer l'une d'entre elles à une camarade qui était en face d'elle, voyez donc ces nègres ! Quel tapage ils font ! Ne dirait-on pas que les nègres se soucient de leurs enfants ! Voyez comme Cuffee embrasse Dinah ! comme s'il ne devait pas avoir une autre femme avant huit jours ! »

Cependant la conduite de mistress Hamilton est le fruit de la dépravation et de cette cruauté puérile, chère aux femmes comme aux enfants ; l'insensibilité de ces jeunes filles est le fruit de l'habitude et d'une éducation vicieuse ; l'un et l'autre vice sont bien féminins. La jalousie tracassière et la haine dont les femmes blanches poursuivent les enfants des esclaves nés d'unions illégitimes avec les planteurs, ou les mulâtresses et quarteronnes objets des faveurs de leurs maîtres, se conçoivent facilement, quoique cette jalousie et cette haine dépassent souvent toutes les limites de l'humanité ; mais tous ces vices sont moins blessants, parce qu'ils sont dans la nature féminine, que les emprunts que certaines dames du sud n'ont point honte de faire aux passions masculines. M. Douglas rapporte un crime commis par une dame qui excite l'horreur et le dégoût qu'excitent d'ordinaire les vices empruntés, qui ne sont point naturels à celui qui s'y livre, par exemple la débauche chez un enfant et l'ivresse chez une femme. Cette page contient plus d'un enseignement. « Comme preuve du mépris et de l'insouciance que l'on a de la vie humaine, surtout lorsque cette vie est celle d'un esclave, je citerai un fait notoire. La femme de M. Giles Hicks, qui demeurait à peu de distance de la plantation du colonel Lloyd, assassina de ses propres mains la cousine de ma femme, jeune fille de quinze à seize ans, après l'avoir mutilée de la manière la plus horrible. Dans le paroxysme de sa rage, cette atroce femme, non contente d'assassiner sa victime, mutila littéralement sa figure, et enfonça sa poitrine. Toute furieuse qu'elle fût, elle eut cependant la présence d'esprit de faire ensevelir l'esclave ; mais les détails du meurtre se répandirent, et sur ces rumeurs on fit exhumer les restes de la victime. Un jury d'enquête fut établi, et décida que la mort avait été produite par coups et sévices. On apprit aussi que le crime que la jeune fille avait payé de sa vie était le suivant : elle avait été chargée cette nuit-là et plusieurs des nuits précédentes de veiller sur l'enfant de mistress Hicks ; elle s'endormit profondément malgré elle. L'enfant cria et réveilla mistress Hicks, mais non l'esclave. Furieuse du silence de cette fille, mistress Hicks, après l'avoir appelée plusieurs fois, sauta hors de son lit, saisit un morceau de bois dans la cheminée, et, la voyant profondément endormie, lui enfonça le crâne et la poitrine, et la tua ainsi. Je ne dirai pas que cet horrible meurtre ne produisit aucune sensation, il en produisit une très grande ; mais, chose incroyable, les horreurs habituelles de l'esclavage avaient tellement émoussé le sens moral de cette société, qu'on ne songea point à punir la coupable. Un mandat d'amener fut lancé contre elle ; mais, pour une raison ou pour une autre, ce mandat d'amener ne fut jamais appliqué. Ainsi mistress Hicks échappa non-seulement au châtiment qu'elle méritait, mais même à l'ennui et à la mortification d'être citée devant une cour de justice. »

Cette scène, qui se passe dans le Maryland, l'état où le sort des noirs est relativement le plus doux, nous ramène au fait que nous avons indiqué précédemment : le mystère qui entoure l'esclavage.

Émile Montégut

Les mauvais traitements sont infligés dans l'ombre : ce n'est que lorsqu'ils deviennent des crimes que fatalement et par la force des choses la lumière se fait ; mais cette lumière elle-même ne brille pas longtemps. Les passions, les préjugés, les intérêts, l'éteignent aussitôt. Mistress Hicks, on l'a vu, ne fut pas poursuivie. Il en est de même de presque tous les crimes commis par la population blanche ; le propriétaire d'esclaves est son seul juge, compose à lui seul son jury, et inflige lui-même le châtiment qu'il croit mérité. Il faut que les choses soient allées très loin pour qu'un planteur ait à répondre de sa conduite devant la justice, lorsqu'il ne s'est rendu coupable d'un crime que sur sa vivante propriété. Le principe de la composition barbare, que beaucoup d'historiens ont voulu considérer comme un respect de la vie humaine, et qui en vérité n'exprime rien que le mépris des populations vaincues, ainsi que le témoignent les différents tarifs pour le rachat des crimes, existe dans le sud. Lorsqu'un blanc a par hasard, dans un moment de colère ou pour un motif quelconque, tué l'esclave d'autrui, il lui est possible d'éviter l'action de la justice en payant au propriétaire une somme d'argent. Pour mille dollars, on peut impunément se passer la fantaisie d'un meurtre, même lorsque ce meurtre a été accompli en plein soleil et en présence de nombreux témoins. Pendant que M. Parsons était à Darien (Georgie), un meurtre fut accompli par un blanc nommé Wilson sur un noir nommé Cuffee, très habile ouvrier charpentier, esclave d'un maître assez accommodant, auquel il payait une redevance annuelle pour le laisser travailler librement à son métier. Ce Wilson avait employé Cuffee, et lorsque le règlement des comptes arriva, il refusa de lui payer le salaire convenu. Le noir lui reprocha sa déloyauté ; Wilson se jeta sur lui et l'accabla de coups en présence d'une foule immense, qui restait spectatrice impassible de cette scène. Cuffee se laissa battre, les lois ne permettant pas à un noir de lever la main contre un blanc, et il se contenta de dire : « Monsieur Wilson, si je n'étais pas un esclave, je n'aurais pas enduré une minute un tel traitement. » Wilson, furieux, tire ses pistolets et tue l'esclave à bout portant. Le maître de Cuffee commença les poursuites ; mais Wilson lui paya comme compensation de sa propriété détruite une somme de mille dollars, et l'affaire en resta là.

Ainsi il n'y a pas de justice dans le sud pour les esclaves : non-seulement ils n'ont pas de recours contre la tyrannie, mais cette satisfaction morale que la société a toujours cru utile de donner aux principes de la justice n'est point accordée, lorsque la victime n'est qu'un homme de race africaine. La société punit le crime pour assurer sa sécurité, mais dans les états du sud elle ne se sent point ébranlée par les crimes commis sur les nègres ; au contraire chacun de ces crimes la cimente, dirait-on. D'année en année, ce mépris de la justice grandit d'une manière effrayante, et ce n'est que dans ces derniers temps qu'a commencé à se produire le fait horrible que nous allons signaler. Les propriétaires d'esclaves, à mesure que le nombre des esclaves fugitifs est devenu plus grand, ont cru utile d'entourer leur pouvoir de plus de terreur. Ces hommes, qui étaient déjà au-dessus de la justice, se sont attribué toutes les prérogatives du magistrat, et se sont mis, au nom de leurs intérêts, à imposer et à exécuter des châtiments tels que le monde n'en a point vu depuis les jours du saint-office. Ils font, pour empêcher le progrès des évasions, ce que l'inquisition a fait pour empêcher le progrès de l'hérésie : ils torturent, ils pendent, ils brûlent, et pour que la ressemblance soit complète, ils convoquent, comme les dominicains espagnols, des multitudes immenses pour jouir de leurs auto-da-fés. Il n'y a pas bien longtemps que toute l'Europe a pu lire un affreux récit : un pauvre nègre fugitif fut attaché à un arbre autour duquel on mit le feu, à une assez grande distance cependant pour le faire rôtir à point et rissoler convenablement. La douleur doublant ses forces, le malheureux parvint à rompre ses liens : il franchit d'un bond le cercle de feu qui l'entourait, mais ce fut pour rencontrer un cercle de fer ; vingt *revolvers* se levèrent à la fois contre lui, et il tomba mort heureusement avant d'avoir subi toutes les tortures d'un tel supplice. Or ce fait n'était pas un fait isolé, une exception ; il se renouvelle souvent et dans des circonstances encore plus horribles. Voici le récit détaillé d'une de ces scènes ; nous craindrions de l'affaiblir si nous en supprimions une seule phrase.

« Peu de temps avant ma tournée dans la Georgie, il se passa dans cet état une tragédie à peu près semblable (l'auteur vient de raconter une exécution du même genre), quoique les détails fussent encore plus choquants. J'ai visité le lieu où elle s'est passée, j'en ai recueilli le récit de la bouche de diverses personnes, et en particulier de la bouche de mistress A…, femme d'un propriétaire d'esclaves, qui avait été forcée par son mari à être témoin de la scène, et qui me l'a racontée dans tous ses détails. Cette dame, native d'Augusta, était intelligente et chrétienne. Comme beaucoup de femmes du sud, elle était opposée à l'esclavage et sympathisait avec les souffrances des esclaves, et pour cette raison son dur et atrabilaire mari l'avait forcée à venir avec lui contempler la terrible scène. La maîtresse de cet esclave lui avait infligé une punition que je ne veux ni nommer, ni décrire. Brûlant de se venger, l'esclave s'arma d'une petite hache et la frappa deux fois à la tête ; les blessures étaient graves, et lui-même les crut mortelles : néanmoins elle se rétablit par la suite. Si la loi du talion a jamais pu être justifiée, si la vengeance a jamais été légitime, cet esclave, en prenant la vie de sa maîtresse, était dans son droit. S'il n'eût pas été esclave, le sentiment public, l'aurait proclamé innocent. Tel fut son sentiment. Au heu d'essayer de fuir, il courut immédiatement au tribunal, qui était alors en session, dit ce qu'il avait fait, et exprima le désir de subir la peine infligée par la loi. Il s'attendait à être pendu comme ceux qui, coupables de meurtre, n'avaient pas eu la même excuse que lui. Il ne désirait ni prolonger son existence, ni éviter sa condamnation ; mais les propriétaires d'esclaves de cette région décidèrent qu'il subirait un sort tout différent. Ils décidèrent qu'il serait brûlé vif, et ils l'offrirent en sacrifice sur l'autel sanglant de l'esclavage ! Ils recueillirent de l'argent par souscription pour payer à la maîtresse la valeur de son esclave. L'esclave leur fut remis, et pendant cinq jours il reçut chaque jour cinquante coups do fouet sur le dos, avec le terrible et lourd *fouet du planteur de coton (cotton planter's whip)*.

« Le jour fixé, — quelques-uns disent le samedi, d'autres le lundi, mais ma narratrice m'a affirmé que c'était le samedi, jour du sabbat, — arriva enfin, et la multitude s'assembla ; la population de ce comté et des comtés environnants était très faible et ne dépassait pas cinq mille habitants sur un espace de trente milles carrés. Cependant le nombre des spectateurs présents s'élevait de dix à quinze mille, selon les différents récits. Tous les esclaves de cette région furent obligés de venir contempler ce grand exemple. L'esclave qui devait être exécuté était le mari d'une jeune femme et le père de deux petites filles, dont la présence fut aussi exigée ! La victime fut retirée de sa prison et conduite à un chêne près du palais du tribunal, où elle fut entourée d'une vaste foule de spectateurs, appelant à grands cris le feu qui devait la dévorer. On enleva à l'esclave l'unique vêtement dont il était revêtu, on lui attacha les mains avec une corde, et ainsi dépouillé, on le hissa à quelques pieds de terre, et on le suspendit à une forte branche d'arbre. Un feu très lent, fait de copeaux de pin très dur, fut allumé au-dessous de lui ; d'abord la fumée s'éleva et l'enveloppa, mais enfin claires et brillantes montèrent vivement les flammes, qui léchèrent ses membres, brûlèrent ses nerfs, entourèrent son corps d'un cercle de feu. Le malheureux suait dans son affreuse agonie, pour me servir des propres expressions de cette dame, de larges gouttes de sang ; mais avant qu'il fût absolument mort, et lorsqu'il était en proie aux dernières convulsions, les exécuteurs s'armèrent de leurs couteaux, qu'ils avaient auparavant attachés au bout de longues perches, et lui ouvrirent la poitrine et le ventre ! Alors un de ces démons, se servant d'une espèce d'hameçon attaché de la même manière que les couteaux, lui arracha le cœur ! un autre lui arracha le foie ! un troisième lui arracha les poumons ! et ces organes attachés au bout de leurs perches, ces monstres coururent à travers la foule en criant : « Ainsi sera traité l'esclave qui donne la mort à sa maîtresse. »

C'est là une scène africaine dans toute son horreur, exécutée par des blancs. Les deux races ont changé de rôle. Du reste, un des faits qui ressortent le mieux de tous les récits des voyageurs, une des démonstrations philosophiques que l'esclavage s'est le mieux chargé d'établir, c'est que la nature humaine est extrêmement corruptible. Parlez tant que vous voudrez de morale, de religion et de civilisation, élevez l'homme dans les meilleurs principes : si vous le soumettez à certaines influences contraires à ces principes, si vous le placez dans une certaine atmosphère malsaine, sa nature se transforme insensiblement. L'homme semble irrésistiblement porté à se dégrader, même sous l'action des influences les plus innocentes en elles-mêmes et quelquefois les plus morales. Ainsi tout le monde accordera que la paix est un des plus grands bienfaits dont puisse jouir l'humanité, et cependant laissez la population la plus civilisée, la plus morale, jouir trop longtemps de la sécurité ; la fibre virile s'amollira, l'énergie nationale s'affaiblira, les habitudes agréables et vulgaires du *comfort* et du bien-vivre prendront une importance exagérée, et dégénéreront facilement en sensualités ; l'esprit de lutte, qui est toujours dans l'homme, ne trouvant pas

Émile Montégut

d'emploi digne de lui, s'attachera à des détails infimes, et deviendra un esprit contentieux, chicaneur et rusé. La guerre, qui remédie à ces défauts lorsqu'elle a été suffisamment loin pour réveiller les instincts énergiques de l'homme, engendre les vices contraires ; l'habitude du danger et de la mort enfante l'insensibilité et le mépris de la vie humaine, le souvenir des périls courus engendre l'insolence vis-à-vis du citoyen paisible. En un mot, le cœur humain a une tendance invincible à se corrompre, et ne se débarrasse d'une maladie que pour s'en infuser une nouvelle avec le remède même qui l'a guéri. S'il en est ainsi des influences naturelles et innocentes, qu'arrivera-t-il quand l'homme sera soumis à des influences excessives, violentes et exceptionnelles ? L'esclavage est une de ces influences. Sous son action, l'homme le plus doux devient aisément tyrannique et cruel. Ne rencontrant nulle part de contrainte, il s'abandonne à tous les instincts de ce cyclope qui, selon un subtil et profond penseur, est caché au fond du cœur de tous les hommes. L'autorité du propriétaire d'esclaves n'inspirant d'autre sentiment que celui de la crainte, dans ses mœurs et dans sa conduite il perd toute retenue et tout respect de soi-même. Les sentiments qu'il inspire sont serviles, sa personne ne tarde pas à participer de cette servilité. Comme au lieu de le respecter on le redoute, il remplace la dignité par l'insolence et la sévérité par la terreur. Les résistances qu'il rencontre, lorsqu'il en rencontre quelqu'une, étant désespérées, la manière dont il les supprime est désespérée aussi. Son pouvoir est exagéré, ses passions sont également exagérées ; il est une violence faite à la nature, ses passions vont jusqu'à l'extrême limite où s'arrête la nature. Ses colères ne peuvent être dépassées, non plus que son mépris pour la souffrance humaine. Il est l'explication vivante de quelques-uns des phénomènes les plus sombres de l'histoire, il fait comprendre les misères de l'esclavage antique et les dépravations des castes investies d'un pouvoir incontesté, la cruauté raffinée des scélérats civilisés et la férocité impassible du sauvage, les patriciens antiques jetant leurs esclaves aux murènes, le comte de Charolais ajustant les couvreurs sur les toits, le cannibale de la Nouvelle-Zélande se nourrissant de chair humaine. Oui, le propriétaire d'esclaves fait comprendre toutes ces dépravations si diverses.

Que manque-t-il à la scène que nous avons rapportée plus haut pour être une scène d'anthropophages ? Quel comte de Charolais a jamais dépassé en frénésie cruelle ce planteur américain qui, dans ses moments de rage, faisait passer sa colère en coupant un doigt à une esclave, ou en lui faisant quelques déchirures dans la chair avec un couteau ? La malheureuse esclave qui avait subi plusieurs fois cet affreux traitement était une vieille négresse qui se rappelait les jours de la révolution, et que son âge aurait dû préserver de telles violences. Le même homme qui avait mutilé cette vieille femme dans ses accès de délire n'était rien moins qu'inhumain ; dans ses momens lucides, il était doux et bon, et il avait conservé pour une négresse qui l'avait soigné dans son enfance toute l'affection d'un fils, Il l'aimait sans réserve, et rien dans sa conduite avec elle ne rappelait la différence de condition et le préjugé de race ; mais il était violent, et l'institution de l'esclavage lui permettant de tailler de la chair humaine au lieu de tailler des bûches de bois pour épuiser la fougue de ses passions, il était devenu par degrés indifférent aux souffrances qu'il faisait subir. Il semblerait que si le propriétaire d'esclaves est cruel, c'est simplement par nécessité et pour prévenir le désordre ; mais il n'en est pas toujours ainsi, et rien n'est plus anarchique parfois que ses explosions de monomanie furieuse. Les livres que nous avons sous les yeux contiennent plusieurs faits qui sont de véritables insurrections contre l'autorité et le genre de gouvernement que les planteurs ont établi eux-mêmes et ont intérêt à faire respecter. S'il est un personnage qui doive être craint et respecté dans une plantation, c'est évidemment après le maître le surveillant et l'intendant du travail, et généralement il l'est encore plus que le maître lui-même. Un planteur de la Caroline du sud avait eu l'idée de prendre pour *overseer* un de ses esclaves à qui sa haute stature et sa force herculéenne avaient fait donner le nom de *redouté* (*dread*). C'était une heureuse idée, et qui, appliquée avec intelligence et discernement, pourrait alléger bien des maux et corriger bien des duretés de l'esclavage. L'*overseer* noir serait généralement moins dur pour ses frères que le blanc ; l'esclave serait, selon toute probabilité, plus honnête et plus zélé que l'homme à gages. Le travail n'en souffrirait pas, une des qualités de la race noire étant, comme on sait, une certaine fidélité animale, *canine*, tout à fait précieuse pour la surveillance et la sécurité des intérêts du maître. Dread s'acquitta de ses fonctions à son honneur et avec une intelligence parfaite. Les esclaves étaient mieux traités, et le travail s'accomplissait aussi régulièrement qu'on pouvait le désirer. Les voisins l'accusèrent d'orgueil et démontrèrent au planteur le danger qu'il y avait à laisser à un esclave un aussi grand pouvoir. Son maître céda au préjugé, et le contraignit à travailler comme les autres esclaves, dure humiliation pour le surveillant, qui se soumit pourtant sans murmurer à cette condition tyrannique. À partir de ce moment, le maître ne cessa de le harceler, de le chicaner, et un jour il voulut le faire fouetter. Fier encore de l'ancienne confiance de son maître, l'esclave résista. Le maître appela successivement tous les nègres de sa plantation pour s'emparer de lui et le lier à un arbre ; Dread, grâce à sa force, résista avec succès. Furieux, le planteur rentre chez lui et ressort un fusil à la main, — Où donc allez-vous maintenant ? lui dit sa femme, qui ignorait ce qui se passait. — À la chasse à l'écureuil, répond le mari tranquillement ; puis, avec le plus grand sang-froid du monde, il ajusta l'esclave et l'étendit mort à ses pieds, à la grande stupéfaction de tous les noirs, dont Dread avait été le surveillant aimé et respecté. C'est là ce que l'on peut appeler, si nous ne nous trompons, une insurrection contre soi-même et une révolte contre son propre pouvoir.

Rien donc n'est déréglé, immoral, anarchique comme le pouvoir du planteur ; c'est le pouvoir du caprice et de la colère. La cruauté légale et la tyrannie politique ne sont point son fait ; c'est l'*overseer* qui représente généralement ces dépravations, moins excusables encore peut-être que les précédentes, et qui joue sur le modeste théâtre d'une plantation, et parmi la triste population dont elle se compose, le rôle des impassibles instruments du despotisme. L'*overseer* est impitoyable comme une machine ; il frappe comme le bourreau roue, marque ou décapite : il est cruel en vertu d'un mandat qu'il a accepté, et qu'il doit exécuter sous peine d'infidélité. Il est généralement très jaloux de son pouvoir, et le maître n'intervient jamais pour réprimer l'excès de son autorité. L'esclave n'a nul recours contre l'*overseer*, qui n'accepte ses fonctions qu'à la condition de les remplir sans avoir à répondre de ses actes. Les abus de pouvoir de l'*overseer* vont fort loin et quelquefois jusqu'à donner la mort, par conséquent jusqu'à porter atteinte au droit de propriété du maître ; mais il revendique assez naturellement d'ailleurs ce privilège exorbitant comme une nécessité politique et un moyen de gouvernement. M. Douglas a donné le portrait d'un de ces *overseers*, qui peut passer pour le type du génie. Il s'appelait Austin Gore et dirigeait une plantation du Maryland. Il eut un différend avec un jeune esclave nommé Denby, et se mit en devoir de le fouetter. Le jeune nègre s'enfuit et plongea dans une rivière qui coulait à quelque distance. Gore s'arma de son fusil, et somma l'esclave de sortir de l'eau. Denby refusa, et après trois sommations, Gore, au grand étonnement de tous les esclaves qui regardaient avec une inquiète curiosité et se demandaient si l'overseer aurait le courage d'exécuter sa menace, fit feu, et tua l'esclave. Le maître de la plantation, le colonel Lloyd, homme violent, mais incapable d'une cruauté commise de sang-froid, reprocha cet acte à son surveillant. Celui-ci répondit qu'il était nécessaire de faire un exemple, et que si de temps à autre on n'employait pas ces extrêmes moyens de discipline, il n'y aurait bientôt plus possibilité de maintenir l'ordre dans la plantation. Le colonel ne trouva rien à répondre à cet argument irréfutable, et maintint Gore dans ses fonctions. En effet ce n'est point l'*overseer* qui est coupable et à qui l'on doit demander compte de pareils crimes ; l'*overseer* n'est que le ressort principal d'une machine brutale, l'instrument d'une institution barbare. Il n'est pas plus responsable de tels crimes que le bourreau ne l'est de la peine qu'il applique, du jugement qu'il exécute, et qu'il n'a pas rendu.

Voilà quelques-uns des traits de cette odieuse institution, odieuse de quelque point de vue qu'on l'envisage, odieuse sans aucune de ces compensations que l'analyste et le philosophe se réjouissent de découvrir dans les choses et les lois les plus justement décriées, comme la preuve que le mal ne peut triompher absolument du bien, et que l'absinthe contient presque toujours un mélange de miel. Avec l'esclavage, on n'a aucune consolation de cette nature ; c'est une institution radicalement détestable ; elle n'a rien d'humain, elle est incapable de produire aucun effet moral. Le sud en fait la trop triste expérience, et reçoit le juste châtiment des crimes qui s'accomplissent sur son territoire. Tout dégénère sur cette terre fertile, hommes, âmes, produits matériels, travail même, tandis que tout prospère au contraire sur le terrain de roc et de sable de la Nouvelle-Angleterre. L'esclavage a tout étiolé et tout flétri. Les hommes portent dans leurs relations sociales les habitudes de violence qu'ils ont contractées au foyer domestique, ils ont recours dans leurs contestations au pistolet et au poignard, et vident leurs querelles au coin des rues et sur les places publiques au moyen d'attentats et de crimes. L'homme de race blanche, habitué à mépriser la vie du noir, arrive facilement à n'attacher aucun prix à celle de l'homme de sa couleur ; les femmes elles-mêmes, ainsi que nous l'avons vu, perdent au contact de ces mœurs féroces leurs précieuses facultés de tendresse et de pitié, et la première chose qu'on apprenne aux enfants, c'est à manier le *bowie knife* et à ajuster le *revolver*. L'éducation, à laquelle les Américains attachent tant de prix, est négligée dans le sud, et rien ne prouve mieux l'infériorité de culture et d'instruction des hommes du sud que la comparaison des fonds d'écoles dans les états du nord et dans les états à esclaves. En fait, on y rencontre des planteurs riches et même opulents qui n'ont jamais appris à lire et savent aussi peu signer leur nom qu'un baron des premiers temps de la féodalité ; la publicité y est plus restreinte également que dans le nord, et le nombre des journaux infiniment moins considérable. Les mœurs y sont plus relâchées, et les enfants des planteurs y ont les allures et les caprices insolents de dandies turbulents et de gentilshommes d'ancien régime. Chose curieuse dans une démocratie, les hommes du sud ont la plupart des vices des castes sans en avoir les qualités. Rien ne parle plus haut que ce fait contre l'esclavage, rien ne prouve mieux qu'il n'a aucune saine influence, puisqu'en développant les vices que développe toute institution intolérante et exclusive, il ne développe pas même les qualités que de telles institutions engendrent toujours. Le jeu et l'ivrognerie, ces deux grandes passions américaines, ne sont nulle part plus fortes que dans le sud, et ne produisent nulle part des résultats plus désastreux. L'agriculture même y décline sous l'action d'un travail qui épuise la terre ou d'habitudes qui n'attachent pas l'homme au sol qu'il a cultivé. Le planteur n'est pas sédentaire et n'a pas de demeure fixe ; il fait rendre au sol tout ce qu'il peut rendre, et puis va plus loin lorsqu'il a stérilisé cette terre fertile, qu'il a ouverte cependant le premier depuis que le monde a été créé. Voilà le sud et les résultats que l'esclavage a engendrés dans quelques-uns des états naguère les plus civilisés de l'Union !

Comme civilisation, moralité, prospérité matérielle, saine interprétation des institutions républicaines, tout l'avantage reste donc

au nord. Et cependant malgré tout le sud triomphe, et véritablement, si cette situation continue, on peut pressentir le jour où le
nord sera entraîné dans l'orbite du sud et ne sera plus qu'un satel-
lite. Le nord a trop cédé, et maintenant sa supériorité d'instruction,
de lumières et de richesses ne lui sert de rien : c'est le plus ignorant,
le plus violent, le moins riche et le moins actif qui l'emporte. Au
point où en sont les choses, il est inutile de conjecturer ; elles récla-
ment fatalement une prompte solution, et elles l'obtiendront. Dieu
sait à quel prix, mais elles l'obtiendront. Seulement le scandale est
allé si loin, et l'immoralité triomphe avec tant d'insolence, que
nous nous bornerons, pour toute conclusion, à faire remarquer
qu'il y a quelques années tout homme de bon sens aurait haussé
les épaules à l'idée de la séparation, tandis qu'aujourd'hui, après
toutes les expériences qui ont été faites, la raison la plus droite peut
envisager cette hypothèse comme une solution possible, et même
en certains cas désirable. Ce qui est hors de doute, c'est que si le sud
gagne un pas de plus, le nord pourra se vanter tant qu'il voudra de
l'industrie de ses enfants, de ses écoles, de son observation du sabbat, de ses mœurs sévères, de ses richesses : il n'aura plus aucune
puissance politique. Encore quelques compromis, et c'est lui qui
deviendra une minorité dans la confédération.

ISBN : 978-1545478301

Émile Montégut

www.ingramcontent.com/pod-product-compliance
Lightning Source LLC
Chambersburg PA
CBHW072026280526
45788CB00007B/2691